Маттиас Фидлер

Идея инновационного подбора недвижимости: Упрощение посредничества в сделках с недвижимостью

Подбор недвижимости: Простой, эффективный и профессиональный процесс аренды недвижимости

О проекте

1-ое печатное издание книги | Февраль 2017 г.
(Первое издание на немецком языке вышло в декабре 2016 г.)

© 2016 Маттиас Фидлер

Маттиас Фидлер
Erika-von-Brockdorff-Str. 19
41352 Korschenbroich
Deutschland
www.matthiasfiedler.net

Составление и печать:
Смотрите на последней странице

Оформление обложки: Маттиас Фидлер
Создание электронной книги: Маттиас Фидлер

ISBN-13 (бумажное издание): 978-3-947082-09-4
ISBN-13 (эл. книга в формате mobi): 978-3-947082-10-0
ISBN-13 (эл. книга в формате epub): 978-3-947082-11-7

Библиографические сведения в Национальной библиотеке ФРГ: Данная публикация зарегистрирована в Национальной библиотеке ФРГ; подробные библиографические данные смотрите в Интернете по адресу http://dnb.d-nb.de.

КРАТКОЕ ОПИСАНИЕ

В этой книге описывается революционная концепция всемирного портала по подбору недвижимости (Приложение –мобильное приложение) с учетом внушительного потенциала оборота (миллиарды евро), используемая в риэлторском программном обеспечении с функцией оценки недвижимости (оборотный потенциал миллиарды евро).

С его помощью можно быстро и выгодно подобрать или арендовать жилую и коммерческую недвижимость. Это будущее инновационных и профессиональных услуг в сфере недвижимости для всех риэлторов и лиц, заинтересованных в недвижимости. Подбор недвижимости работает почти во всех странах, стирая границы.

Вместо того, чтобы «доносить» объект недвижимости до покупателя или арендатора, на портале подбора недвижимости осуществляется поиск и сопоставление предлагаемых риэлтором объектов под конкретное лицо, заинтересованное в недвижимости (профиль поиска).

СОДЕРЖАНИЕ

ПРЕДИСЛОВИЕ

В 2011 году я осмыслил и разработал идею описанного здесь инновационного подбора недвижимости.

С 1998 года я работаю в сфере недвижимости (в частности, посредничество, покупка и продажа, оценка, аренда недвижимости и подготовка земель к строительству). Кроме того, я являюсь специалистом по недвижимости (МТП), дипломированным экономистом в сфере недвижимости (ADI) и экспертом по оценке недвижимости (DEKRA), а также членом признанного во всем мире Союза недвижимого имущества при Королевском институте лицензированных оценщиков (MRICS).

Маттиас Фидлер
Коршенброх, 31.10.2016 г.
www.matthiasfiedler.net

1. Идея инновационного подбора недвижимости: Упрощение посредничества в сделках с недвижимостью

Подбор недвижимости: Простая, эффективная и профессиональная помощь в поиске недвижимости на портале подбора недвижимости

Вместо того, чтобы «доносить» объект недвижимости до покупателя или арендатора, на портале подбора недвижимости (Приложение —мобильное приложение) осуществляется поиск и сопоставление предлагаемых риэлтором объектов под конкретное лицо, заинтересованное в недвижимости (профиль поиска).

2. Цели лиц, заинтересованных в недвижимости, и оферентов недвижимости

Для продавцов и лиц, сдающих недвижимость, чрезвычайно важно как можно быстрее и дороже продать или сдать свою недвижимость.

Желающим купить или арендовать недвижимость важно найти подходящий объект, чтобы купить или снять его без хлопот и в максимально короткие сроки.

3. Как раньше осуществлялся поиск недвижимости

Как правило, потенциальные клиенты используют крупные интернет-порталы недвижимости для поиска объектов в выбранной области. Задав критерии поиска, они могут получить по электронной почте информацию об объектах или перечень соответствующих ссылок на объекты недвижимости. Обычно поиск осуществляется на 2-3 порталах недвижимости. В итого, как правило, общение с оферентами ведется посредством электронной почты. Это дает оферентам право и возможность связаться с потенциальными клиентами.

Кроме того, клиенты могут связаться с отдельными риэлторами в выбранном регионе и сохранить их в своем профиле поиска.

Оферентами на порталах недвижимости являются как физические, так и юридические лица. Среди юридических лиц преобладают риэлторы, однако среди них есть и строительные компании, продавцы недвижимости и другие компании, связанные с недвижимостью (далее под юридическими лицами будут подразумеваться риэлторы).

4. Недостатки частных оферентов / Преимущества риэлторов

Предлагаемую частными продавцами недвижимость не всегда удается купить сразу, если, к примеру, в случае с наследством, порой между наследниками нет согласия, или отсутствует свидетельство о праве на наследство. К тому же, препятствием для продажи могут стать невыясненные юридические вопросы, такие как право пользования недвижимостью.

При аренде недвижимости частный арендодатель мог не получить какого-то разрешения у властей, например, разрешения на аренду коммерческой недвижимости (площадей) в качестве жилого помещения.

Когда оферентом выступает риэлтор, как правило, все описанные вопросы уже решены. Кроме того, зачастую уже готовы все необходимые документы на недвижимость (проект, генеральный план, энергетический паспорт, земельный кадастр, административные документы и т.д.) –Это позволяет быстро и без лишних сложностей продать или сдать недвижимость.

5. Подбор недвижимости

Чтобы быстро и эффективно свести клиента с продавцом или арендодателем, важно использовать профессиональный системный подход.

Для этого необходим иной порядок взаимодействия или процедура поиска и сведения риэлтора и клиента. То есть, вместо того, чтобы «доносить» объект недвижимости до покупателя или арендатора, на портале подбора недвижимости (Приложение – мобильное приложение) осуществляется поиск и сопоставление предлагаемых риэлтором объектов под конкретное лицо, заинтересованное в недвижимости (профиль поиска).

На первом этапе клиенты создают конкретный профиль поиска на портале подбора недвижимости. Данный профиль поиска включает около 20 параметров. В частности, следующие параметры (это не полный перечень) профиля поиска играют важную роль.

- Регион/ индекс/ населенный пункт
- Вид объекта
- Общая площадь
- Жилая площадь
- Стоимость покупки/ аренды
- Год постройки
- Этаж
- Количество комнат
- Сдается (да/ нет)
- Подвал (да/ нет)
- Балкон/ терраса (да/ нет)
- Вид отопления
- Парковка (да/ нет)

При этом важно указывать параметры не в свободной форме, а выбирать конкретный параметр (напр., вид объекта) из списка предлагаемых возможностей/ вариантов (напр., вид объекта: квартира, частный дом, складское помещение, офис…).

Как вариант, клиенты могут создавать несколько профилей поиска. Также имеется возможность редактирования профиля поиска.

Кроме того, клиенты должны заполнить все поля контактных данных. А именно, имя и фамилию, название улицы и номер дома, индекс, населенный пункт, номер телефона и адрес электронной почты.

В связи с этим клиенты дают согласие на установление контакта и получение информации о соответствующих объектах недвижимости (объявлениях) со стороны риэлторов.

К тому же, клиенты подписывают с оператором портала по подбору недвижимости контракт.

На следующем этапе риэлторы-участники, которые пока не видны, получают доступ к профилям поиска через программный интерфейс (API –программный интерфейс приложений) –аналогичный немецкому программному интерфейсу «openimmo». Здесь следует отметить, что данный программный интерфейс –нечто вроде ключа для внедрения –должен поддерживать почти все риэлторское программное обеспечение и передачу данных. Если не поддерживает, необходимо обеспечить такую техническую возможность. –Поскольку упомянутые программные интерфейсы, вроде «openimmo» и других, уже работают, должна быть возможность передачи профилей поиска.

Теперь риэлторы сопоставляют имеющиеся в распоряжении объекты недвижимости с профилями поиска. Для этого объекты вносятся на портал подбора недвижимости, сравниваются и подбираются по соответствующим параметрам.

После процедуры сопоставления высвечивается значение соответствия в процентах. –При соответствии выше 50% профили поиска отражаются в риэлторском программном обеспечении.

При этом каждый параметр получает определенную оценку (по системе оценки), таким образом, в результате сопоставления параметров получаем процент соответствия (вероятность соответствия). –Например, параметр «Вид объекта» имеет более высокую оценку, чем параметр «Жилая площадь». Также можно выбрать дополнительные параметры (напр., наличие подвала), обязательные для данного объекта.

В ходе сопоставления параметров для поиска соответствия следует предоставлять риэлторам доступ только к интересующим Вас (выбранным) регионам. Это позволяет упростить процесс сопоставления данных. Тем более, что риэлторы зачастую работают только в определенном регионе. –Здесь следует отметить, что так называемое «облако» позволяет сохранять и обрабатывать большие объемы данных.

Для предоставления профессионального посредничества в сделках с недвижимостью риэлторы получают доступ только к профилям поиска.

В этой связи риэлторы подписывают с оператором портала по подбору недвижимости контракт.

После сопоставления/ подбора риэлторы могут связаться с клиентами, а клиенты –с риэлторами. Также это означает, что когда риэлтор отправляет клиенту объявление, фиксируются предпринятые действия и ожидаемая комиссия риэлтора в случае продажи или сдачи объекта в аренду.

Это предполагает наличие у риэлтора разрешения владельца (продавца или арендодателя) на представление объекта недвижимости или согласия на предложение этого объекта.

6. Сферы применения

Описанный здесь подбор недвижимости относится к покупке и аренде жилой и коммерческой недвижимости. Для подбора коммерческой недвижимости требуется ряд дополнительных параметров.

Потенциальных клиентов, как правило, может представлять риэлтор, если он, к примеру, работает по поручению клиента.

С географической точки зрения, портал подбора недвижимости может работать почти в любой стране.

7. Преимущества

Такой подбор недвижимости дает клиентам большие преимущества, если они, например, готовятся к переезду внутри региона (населенного пункта) или подыскивают недвижимость в другом городе/ регионе в связи с работой.

Им достаточно один раз создать профиль поиска, чтобы получать подходящие предложения недвижимости от риэлторов, работающих в интересующем регионе.

Для риэлторов большие преимущества состоят в эффективности и быстроте продажи или сдачи в аренду недвижимости.

Они получают непосредственный доступ к информации о том, насколько высок потенциал конкретных клиентов относительно предлагаемой ими недвижимости.

К тому же, риэлторы могут напрямую обратиться к своей целевой группе (а также отправить объявления недвижимости), члены которой при создании профиля поиска имели конкретные представления об интересующем их объекте недвижимости.

Это позволяет повысить качество общения с клиентами, которые знают, чего хотят. А также уменьшает количество последующих показов недвижимости. –Следовательно, сокращается общий срок реализации предлагаемой недвижимости.

Показ предлагаемой недвижимости клиентам завершается –как обычно –заключением договора продажи или аренды.

8. Пример расчета (потенциал) –только частные квартиры и дома (без учета аренды квартир и домов и коммерческой недвижимости)

В следующем примере мы увидим, какой потенциал есть у портала подбора недвижимости.

В экономическом районе с населением 250 000 человек, таком как город Мёнхенгладбах, в среднем около 125 000 домашних хозяйств (2 человека в одном домашнем хозяйстве). Среднестатистический коэффициент переездов составляет ок. 10%. То есть, каждый год переезжают около 12 500 домашних хозяйств. –Сальдо прибытия и оттока в и из Мёнхенгладбаха при этом не учитывается. –Из них ок. 10 000 домашних хозяйств (80%) хотят снять жилье, а ок. 2 500 домашних хозяйств (20%) –купить.

Согласно сводке по рынку недвижимого имущества экспертного комитета города Мёнхенгладбах в 2012 году было куплено 2 613 объектов недвижимости. –Это подтверждает названное выше число 2 500 потенциальных покупателей. На самом деле, их будет больше, ведь , к примеру, не каждый покупатель недвижимости найдет то, что ищет. Приблизительное количество реальных клиентов, точнее количество профилей поиска будет примерно в два раза выше среднестатистического коэффициента переездов ок. 10%, т.е. 25 000 профилей поиска. Это число учитывает тот факт, что клиенты могут создавать на портале подбора недвижимости несколько профилей поиска.

Стоит также отметить, что раньше, как показывает опыт, почти половина всех клиентов (покупатели и съемщики) нашла недвижимость через риэлтора, а это в сумме составляет 6 250 домашних хозяйств.

Однако, как нам известно, минимум 70% всех домашних хозяйств искали на порталах недвижимости в сети Интернет, что составляет в сумме 8 750 домашних хозяйств (соответствует 17 500 профилям поиска).

Если бы 30% всех потенциальных клиентов, т.е., 3 750 домашних хозяйств (соответствует 7 500 профилям поиска) в таком городе, как Мёнхенгладбах, создали свой профиль поиска на портале подбора недвижимости (Приложение –мобильное приложение), риэлторы-участники за год могли бы предложить подходящие объекты недвижимости на основании 1 500 конкретных профилей поиска (20%) потенциальным покупателям и 6 000 конкретных профилей поиска (80%) потенциальным съемщикам.

Иначе говоря, учитывая среднюю продолжительность поиска 10 месяцев и примерную стоимость одного созданного клиентом профиля поиска 50 евро в месяц, 7 500 профилей поиска представляют потенциал оборота 3 750 000 евро в год для города с населением 250 000 жителей.

Экстраполируя подсчет на всю территорию ФРГ с населением около 80 000 000 (80 миллионов) жителей, потенциал оборота составляет 1 200 000 000 евро (1,2 миллиарда евро) в год. –Если бы вместо 30% всех клиентов на портале подбора недвижимости подбор осуществляли 40% всех клиентов, потенциал оборота достиг бы отметки 1 600 000 000 евро (1,6 миллиарда евро) в год.

Такое значение потенциала оборота подразумевает лишь частные квартиры и дома. Арендуемая и доходная недвижимость в жилом фонде и весь коммерческий фонд в этом расчете потенциала не учитывались.

Исходя из того, что в Германии около 50 000 компаний оказывают услуги посредника в сделках с недвижимостью (в т.ч. строительные компании, продавцы недвижимости и другие связанные с недвижимостью предприятия) с общим штатом ок. 200 000 сотрудников, и примерно 20% из 50 000 компаний используют этот портал подбора недвижимости, имея в среднем по 2 лицензии, при примерной месячной стоимости пользования одной лицензией 300 евро, годовой потенциал оборота составляет 72 000 000 евро (72 миллиона евро). Кроме того, местные профили поиска требуют региональной заявки, значит, в зависимости от решения возможно формирование значительного дополнительного потенциала оборота.

За счет такого большого потенциала клиентов с конкретными профилями поиска риэлторам больше не придется постоянно поддерживать собственную базу данных клиентов (при наличии). Тем более, что такое количество актуальных профилей поиска скорее всего превысит объем баз данных профилей поиска многих риэлторов.

Если бы такой инновационный портал подбора недвижимости нашел применение в нескольких странах, то, например, потенциальные клиенты из Германии могли бы создать профиль поиска апартаментов на средиземноморском острове Майорка

(Испания) на время отпуска, а риэлторы-участники на Майорке могли бы отправить своим клиентам из Германии по электронной почте подходящий вариант апартаментов. – Если полученное объявление будет на испанском языке, в наше время клиенты в Германии могут быстро перевести текст при помощи программ-переводчиков в сети Интернет.

Чтобы подбор профилей поиска недвижимости мог осуществляться независимо от языка, сопоставление параметров на портале подбора недвижимости может выполняться на базе запрограммированных (математических) параметров –без привязки к языку –в результате соответствующий язык будет выбран автоматически.

При использовании портала подбора недвижимости на всех континентах указанный выше потенциал оборота (только потенциальных клиентов) можно экстраполировать в очень упрощенном виде.

Население всего мира:

7 500 000 000 (7,5 миллиардов) жителей

1. Население стран с развитой промышленностью:

   2 000 000 000 (2,0 миллиарда) жителей

2. Население новых индустриальных стран:

   4 000 000 000 (4,0 миллиарда) жителей

3. Население развивающихся стран:

   1 500 000 000 (1,5 миллиарда) жителей

Годовой потенциал оборота ФРГ в размере 1,2 миллиарда евро с населением 80 миллионов жителей можно экстраполировать на страны с развитой промышленностью, новые индустриальные страны и страны с развивающейся экономикой, учитывая следующие коэффициенты.

1. Страны с развитой промышленностью: 1,0

2. Новые индустриальные страны: 0,4

3. Развивающиеся страны: 0,1

В результате получаем следующие значения годового потенциала оборота (1,2 миллиарда евро х население (страны с развитой промышленностью, новые индустриальные страны или страны с развивающейся экономикой) / 80 миллионов жителей х коэффициент).

1. Страны с развитой промышленностью:
   30,00 миллиардов евро

2. Новые индустриальные страны:
   24,00 миллиарда евро

3. Развивающиеся страны:
   2,25 миллиарда евро

Итого:

56,25 миллиардов евро

9. Выводы

Представленный здесь портал подбора недвижимости предлагает лицам, ищущим недвижимость (потенциальным клиентам), и риэлторам существенные преимущества.

1. Для потенциальных клиентов это означает существенное сокращение времени поиска подходящей недвижимости за счет единоразового создания своего профиля поиска.

2. Риэлторы получат общее представление о количестве потенциальных клиентов со сложившимися пожеланиями (профиль поиска).

3. Потенциальные клиенты будут получать только интересные и подходящие предложения недвижимости (на основании профиля

поиска) от всех риэлторов (практически автоматический подбор).

4. Риэлторы смогут сократить расходы на поддержание собственной базы данных профилей поиска за счет постоянного доступа к большому количеству актуальных профилей поиска.

5. Поскольку доступ к порталу подбора недвижимости будет только у профессиональных агентов/ риэлторов, потенциальные клиенты будут иметь дело только с профессиональными и зачастую опытными риэлторами.

6. У риэлторов уменьшится количество показов недвижимости и срок реализации в целом. В свою очередь, у клиентов также уменьшится количество просмотров и сократится срок заключения договора продажи или аренды.

7. Владельцы недвижимости, предлагаемой на продажу или в аренду, также сэкономят время. К тому же, меньшее время простоя объекта под сдачу и более быстрая оплата стоимости продаваемой недвижимости за счет более быстрой сдачи в аренду или продажи также означает финансовую выгоду.

Реализация и внедрение такой идеи подбора недвижимости может способствовать значительному развитию посреднических услуг в сфере недвижимости.

10. Интеграция портала по подбору недвижимости в новое риэлторское программное обеспечение с функцией оценки недвижимости

В завершение, описанный здесь портал подбора недвижимости может и должен изначально стать неотъемлемой частью нового –желательно международного – риэлторского программного обеспечения. То есть, риэлторы смогут пользоваться как порталом подбора недвижимости вместе с уже используемым риэлторским программным обеспечением, так и, в идеале, новым риэлторским программным обеспечением в сочетании с порталом подбора недвижимости. Интеграция этого эффективного и инновационного портала подбора недвижимости в собственное риэлторское программное обеспечение станет фундаментальной отличительной особенностью риэлторского программного обеспечения, столь необходимой для выхода на рынок.

Поскольку в сфере риэлторских услуг все более важное значение приобретает оценка недвижимости, необходимо интегрировать инструмент оценки недвижимости в риэлторское программное обеспечение. Оценка недвижимости на основании соответствующих методов расчета и взаимосвязей позволит риэлтору обращаться к актуальным данным/ параметрам указанных/ введенных объектов недвижимости. При необходимости, знание регионального рынка позволит риэлтору заполнить недостающие параметры.

Кроме того, в риэлторском программном обеспечении должна быть возможность интеграции так называемой виртуальной экскурсии по предлагаемому объекту недвижимости. Ее было бы проще внедрить за счет разработки специального (мобильного) приложения для сотового телефона и/ или планшета, которое бы после успешного посещения виртуальной экскурсии по объекту недвижимости автоматически добавляла или интегрировала ее в риэлторское программное обеспечение.

Если эффективный и инновационный портал подбора недвижимости связать с новым риэлторским программным обеспечением с функцией оценки недвижимости, это, в свою очередь, значительно повысит потенциал оборота.

Маттиас Фидлер

Коршенброх, 31.10.2016 г.

Маттиас Фидлер

Erika-von-Brockdorff-Str. 19

41352 Korschenbroich

Deutschland

www.matthiasfiedler.net

www.ingramcontent.com/pod-product-compliance
Lightning Source LLC
Chambersburg PA
CBHW071524210326
41597CB00018B/2887